I0605984

Primera edición: marzo 2024


Diseño: Estudio Cactus



*Printed in USA*
1st Printing
ISBN: 979-88-909834-3-5

Viqui Durán

# Son cosas de ~~niños~~ grandes

## Viñetas y reflexiones sobre vínculos y prevención del bullying

Grijalbo

A mis padres,
mi mejor ejemplo.

# Aterrizando el bullying

Todas las situaciones
ilustradas en este libro
no son pura coincidencia.
Son el reflejo de verdaderos
testimonios.

# Prólogo

> La partida que se juega en momentos históricos decisivos empieza en el patio del colegio. El recreo es el ensayo general de nuestra forma de estar en el mundo. Proclamamos que, ante un rostro que sufre —un acoso, una agresión, una guerra—, no caben la traición ni la ecuánime distancia del espectador que contempla el naufragio.
>
> IRENE VALLEJO

En las siguientes páginas usted encontrará un viaje especial, un viaje que va desde el silencio cómplice hacia la empatía. Es un viaje para crecer juntos como sociedad. Este libro es fruto de la reflexión y acción de Virginia tras muchos años poniendo el cuerpo, el lápiz y la creatividad al servicio de los demás. Una persona a la que le duele el dolor del otro y no se queda quieta, pasiva, mirando desde afuera, sino que se pone a trabajar para ayudar a minimizar ese dolor y brindar herramientas desde la escritura y la enseñanza, apuntando a reconocer el bullying y a construir vínculos más sanos.

El bullying no es una broma, no es algo pasajero; es algo que nos atraviesa a las familias, a la sociedad y a los centros educativos. No vale seguir mirando para otro lado. Virginia tiene el coraje de poner en acción su saber y su compasión para traducir, en viñetas y palabras, los gestos y conductas concretas que logren sensibilizarnos y nos ayuden a tomar consciencia. El bullying puede generar depresión e incluso llevar al suicidio, puede potenciar varios trastornos psicológicos como ansiedad, ataques de pánico, entre otros. Afecta la salud mental de niños/as y adolescentes, por lo que debemos crear programas educativos preventivos.

Este libro es sin duda un aporte para educadores y familias, quienes desde la magia de la lectura podrán charlar con sus alumnos e hijos y seguir de esta manera educando en valores. Sus páginas nos invitan a conocer las raíces del problema y las diversas maneras para erradicarlo. Posibilita la educación emocional y afectiva. No por ser ilustrado es un libro superficial ni *light*. Todo lo contrario. Recuerden la famosa dedicatoria de *El Principito:*

(A León Werth)

Pido perdón a los niños por haber dedicado este libro a una persona grande.

Tengo una seria excusa: esta persona grande es el mejor amigo que tengo en el mundo.

Tengo otra excusa: esta persona grande puede comprender todo; incluso los libros para niños.

Tengo una tercera excusa: esta persona grande vive en Francia, donde tiene hambre y frío.

Tiene verdadera necesidad de consuelo.

Si todas estas excusas no fueran suficientes, quiero dedicar este libro al niño que esta persona grande fue en otro tiempo.

Todas las personas grandes han sido niños antes. (Pero pocas lo recuerdan.) Corrijo, pues, mi dedicatoria:

(A León Werth, cuando era niño).

Una de las dedicatorias más maravillosas que conozco. Esta dedicatoria nos inspira para leer este libro. Pensar en nuestros hijos y en sus amigos, cómo se gesta la amistad desde niños, amistades sanas, sin violencia. Pensar también en cuánta gente sufre o está desconsolada porque sus familias no escuchan el sufrimiento, no validan su dolor, no creen que "sea para tanto". Es un libro que brinda herramientas para ponernos en el lugar del otro y actuar. Y, por último, muchas veces minimizamos el sufrimiento porque sostenemos que "los niños se pasan pelando y es normal". La verdad es que no podemos normalizar la violencia ni el maltrato. La dedicatoria de *El Principito* nos inspira para pensar no solo en los niños, sino en nuestro niño interior. Quizás nos llevemos una sorpresa al leerlo y sanemos ellos y nosotros.

A través de estas páginas, Virginia nos relata historias con las cuales podemos empatizar e ir conociendo los diversos factores del bullying, permitiéndonos explorar las vivencias, identificar la problemática y desarticularla. Obtendremos claves y acciones para construir comunidades que valoren la diversidad y tengan respeto por la dignidad humana.

La autora nos recuerda que, incluso en el sufrimiento, podemos ver la luz que implica el apoyo de los demás y que todos podemos ser solidarios. Nos interpela en nuestras acciones y nos desafía a construir juntos infancias más sanas, contextos en los que los alumnos puedan crecer y estudiar sin miedo. El docente es custodio de la autoestima de sus alumnos. También nosotros su familia.

En este mundo loco, sin tiempo para nada, celebro, me alegra y emociona que Virginia como educadora se haya tomado el tiempo (amor) para brindar su corazón y su saber a los demás. Es lo que precisan nuestros hijos y nuestros amigos: tiempo. El tiempo es amor; el que te da tiempo te quiere. Hoy no tenemos tiempo para amar. Tomarte un rato para leer este libro es brindar amor a tus hijos y de paso aprender. Como dice Maria Elena Walsh "quiero tiempo, pero tiempo no apurado".

Juntos somos responsables de generar un espacio vital (casa y escuela), donde cada niño y adolescente pueda crecer sin miedo a que le peguen, sin vergüenza por ser quien es. Confía en estas palabras, te van a cuidar, te van a llevar, te van a guiar con amor, con humor, y te ayudarán a crecer en familia y con tu comunidad educativa. Como decíamos al principio, es un viaje del silencio a la empatía y a la acción. La compasión es la empatía en acción. No basta con "saber", hay que actuar. Te auguro un lindo viaje, mucho mejor si invitas a tus hijos a viajar contigo.

ALEJANDRO DE BARBIERI
Escritor - Psicólogo

# ¿Qué vas a encontrar en este libro?

Este libro es la recopilación de mi trabajo de visibilización en redes, que vengo haciendo desde el 2021.

En él se encuentran viñetas y reflexiones, algunas sugerencias y caminos para acompañar a nuestros hijos en su relación con los demás.

La prevención es el camino para una sana convivencia, sin la cual no puede haber un verdadero aprendizaje ni una conexión con la curiosidad y la motivación.

El bullying afecta a un alto porcentaje de los niños, niñas y adolescentes escolarizados, lo que es alarmante.

Las autoridades no se ocupan del tema, por lo tanto, los docentes, demás profesionales y actores del sistema educativo no tienen formación para abordar esta problemática social.

Si sumamos que existe una situación muy compleja en muchos hogares, donde el adulto está ausente o, cada vez más, se encuentra sin herramientas para poner límites o conectar con sus hijos, estamos ante una situación que va a empeorar con los años.

Mi libro intenta ser una puerta abierta a la reflexión, desde mis más de veinticinco años de experiencia docente y mi propia experiencia personal como una adolescente que sufrió exclusión.

Los invito a descubrir cada página y a compartir en familia sus ilustraciones. Espero que sirvan como disparadores para el intercambio y un camino hacia la consciencia del otro.

# sostener
# estar
# acompañar

¿Cómo acompañarlos, sin soltar su mano, sin cortar sus alas, estando, pero a la vez dejándolos recorrer su camino?

# Sostener y validar

# Validar

Parte de acompañar es validar. Sin sobreproteger, poder escuchar a nuestros hijos cuando algo los incomoda es validar.

Si algún docente los trató mal o sienten que algún compañero los molesta, podemos validar. Eso no significa salir corriendo a golpear puertas, sino escuchar y acompañar su sentir. Preguntas como: "¿y vos qué hiciste para que te traten mal?" no conducen a nada, solo traen culpa y ningún aprendizaje, o el aprendizaje de que merecemos que nos traten mal.

Tendemos a naturalizar el maltrato hacia los niños y niñas. Frases del estilo "esa profesora siempre fue así y así es la vida" no hacen más que naturalizar la violencia y dejar a los niños y niñas en total desamparo. El paso importante acá es validar el sentir, escuchar y acompañar las emociones de nuestros hijos.

# Todos valemos

Los amigos vienen en diferentes momentos de la vida. Cuando nos enfrentamos a la posibilidad de que nuestro hijo o hija no sea parte del grupo, y que nadie lo tenga en cuenta, es esperable que nos sintamos devastados y solos. Es posible que él o ella manifieste ese dolor o no. Puede ser que nuestra ansiedad por verlo en grupo nos juegue malas pasadas también. Observarlo y escucharlo es clave.

**¿Qué podemos hacer?**

Validar e intentar no transmitir nuestra historia o miedos, y tener claro que, a veces, los amigos llegan en otra forma o de diferente manera. La mejor herramienta que tenemos es brindarle una buena autoestima y decirle todo lo que vale y lo importante que es para nosotros, sus padres.

No podemos evitar el cruce con personas que dañan, pero sí podemos quitarles fuerza.

Nuestros hijos o hijas van a vivir este tipo de situaciones a lo largo de toda su escolaridad. Es nuestra validación lo que hará la diferencia. Escuchar su sentir es lo que le dará la fortaleza para seguir adelante. El apoyo emocional de los referentes adultos funciona como un escudo que protege.

Los niños y niñas que critican, se burlan de otros y están siempre juzgando muestran una gran inseguridad y probablemente baja autoestima.

La autoestima se construye, podemos recalcar siempre aspectos positivos de nuestro hijo y guiarlo a ser buena persona. También acompañar en sus errores, mostrando distintos caminos para hacerlo mejor y enseñando que los actos tienen consecuencias, sobre todo en el daño que podemos causarles a otros.

Todos somos raros. De las diferencias nos nutrimos.

# ¿hay una forma correcta de ser?

# ¿quién lo dijo?

De esas creencias instaladas, apoyadas en el miedo a lo desconocido o en la falta de humildad: no hay una forma correcta de ser.

**Podemos cuidarnos a la hora de utilizar adjetivos, los más pequeños nos escuchan e imitan. ¿Qué es ser raro?, ¿te lo preguntaste? Nuestro cerebro está diseñado para sobrevivir y es ahorrativo, entonces, ante lo nuevo o diferente, huye. Engaña a tu cerebro e integra la diferencia.**

La validación de los adultos referentes es el camino de la sanación de cualquier violencia que pueda sufrir nuestro hijo o hija.

Si nos abre su corazón, compartiendo una vivencia dolorosa, es importante validar, escuchar sin cuestionar, acompañar con contención y preguntar qué necesita. Lo mejor es respetar su decisión, porque la clave acá es no perder su confianza y sostener sus emociones.

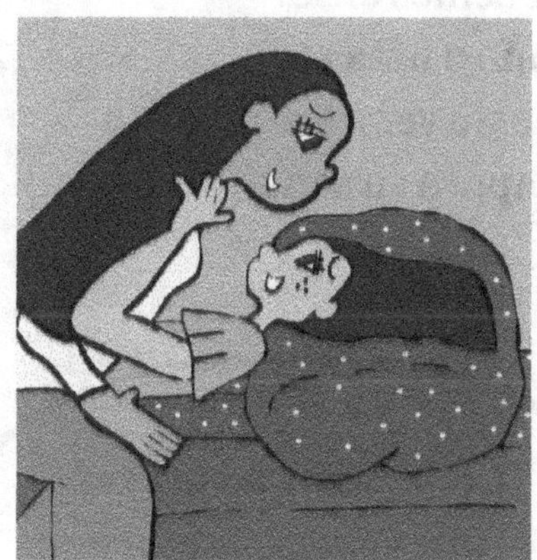

El ritual de las buenas noches es un ritual para decirles lo mucho que nos importan, donde sucede la magia de la reparación, de todo lo sucedido en la jornada.

Reparación para un sueño en paz y un escudo para el otro día.

**¿Los niños que son criados con respeto, respetan?**

Los límites son necesarios, puestos siempre desde el amor y el respeto. Para que nuestro hijo pueda ver a los demás, debemos enseñarle a ver a los demás. Un niño o niña al que se le dice todo que sí no logra ver a los otros. Los demás estarán siempre a su servicio, para lograr sus objetivos.

Un límite con golpes o insultos no es un límite, es violencia. Nuestro hijo o hija va a entender que es a través del miedo, de imponerlo o padecerlo, que se vinculan las personas.

# Adultos 1

Las familias de los niños o niñas que hacen bullying no son malas personas, son familias, con las mismas problemáticas y vivencias que cualquier familia. No son los mafiosos del pueblo, son personas como vos y yo. Es en la crianza que están generando niños y niñas con necesidad de mirada y con comportamientos violentos hacia sus compañeros.

Pero el bullying, a veces, es tan sutil como lo son determinadas formas de crianza que generan niños y niñas con poca o nula empatía.

Culturalmente, hay un mandato de separar a las figuras de apego de los bebés. La maquinaria está armada para que, cada vez más, los niños y niñas se eduquen con personas ajenas a su familia. Estas frases contribuyen a esa cultura de la separación. ¿A qué se acostumbra, a dormir en brazos?

No va a seguir pidiendo brazos para dormir a los 18, pero sí va a venir corriendo por un abrazo cuando lo necesite. Sobre todo, va a aprender a empatizar con el dolor y las necesidades ajenas.

Probablemente va a buscar su puerto seguro cuando lo necesite.

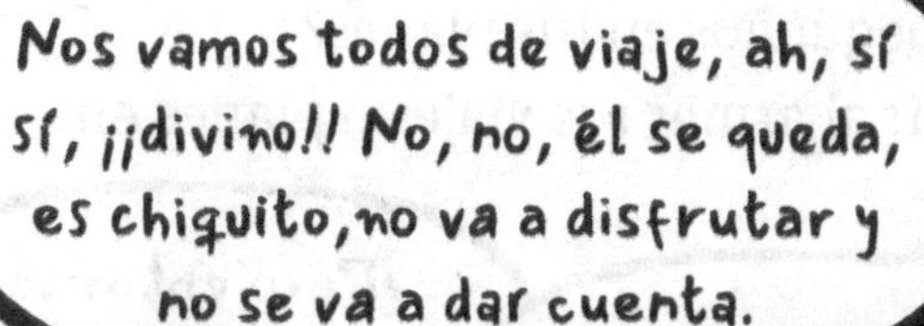

Empatizar con la infancia es una tarea importante que tenemos los adultos. El ser humano necesita conexión desde el minuto en que nace. Cuerpo, contacto y presencia. Que no hable no significa que no sienta. Hablar con nuestro bebé es conectar. Ser consciente de que nuestra ausencia es un gran dolor, por la simbiosis que tiene con su figura de apego. Esto es enseñar empatía. La empatía de la figura de apego sembrará los primeros aprendizajes para desarrollar la propia empatía.

¿Incluís a los más pequeños en tus planes?

¿Pensás en su sentir al armar tus viajes o planes en solitario?



¿te lo preguntás?

Que el hotel ofrezca lugares para "cuidar" a los más pequeños no significa que tengamos que utilizarlos. ¿Ni de vacaciones estamos con nuestros hijos?, ¿de qué necesitamos descansar?, ¿de ser padres? Ser adulto implica cansarse y ser padre y madre significa estar, educar, conectar.

¿No se dan cuenta de que la figura
de mayor apego no está?

Si tomamos la decisión como padres de viajar, si tenemos que viajar por trabajo o lo hacemos por placer, sin nuestros hijos pequeños, siempre tenemos que saber:

1. Los niños y niñas no tienen noción de tiempo, ni distancias.
2. Los niños y niñas siempre van a buscar nuestra aprobación, van a cuidarnos. Que no demuestren angustia por separarse, no significa que no se angustien por separarse.
3. Muchos van a somatizar, con fiebre, u otras dolencias, y eso puede significar que no estamos dando lugar a la expresión de emociones. El cuerpo habla lo que tiene que callar.

Mostrar empatía por sus sentimientos
es enseñarles empatía y siempre, siempre,
comunicar la verdad.

# ¿Vivo la vida de quién?

> En la actualidad los centros educativos incluyen una variada oferta para que los padres sean una parte activa de la vida escolar. Los "papi" y los "mami" deportes son lugares de integración y una invitación a formar parte de la comunidad. Pero como todo, utilizado sin consciencia del impacto hacia la vida de nuestros hijos, también tiene consecuencias.

Esto lleva a que muchos padres y madres tengan una vida armada alrededor del colegio, que incluye prácticas, pero que también incluye viajes, juntadas, muchas reuniones y fiestas. Los padres y madres que participan generan vínculos de amistad, que los lleva también a veranear juntos, viajar y a nuclearse en reuniones familiares.

El tema puede resultar muy atractivo. El asunto es que nos estamos olvidando (porque viene impuesto y está naturalizado) de que el centro educativo es de los niños y las niñas. Que lo primordial es cuidar esos vínculos y no imponer los nuestros.

Y siempre podemos preguntarnos:

- ¿Qué hay detrás de esa necesidad de pertenecer?
- ¿Está mi propia historia de exclusión en el medio?
- ¿Esto que estoy haciendo, qué impacto tiene en la vida de mi hijo/a?
- ¿Le estoy eligiendo los vínculos?
- ¿Soy parte del problema?

Cuanto de nuestra ansiedad en que haga todo, no se pierda de nada, está detrás de esta corrida llamada "vida". Si no podemos encontrarnos ni el fin de semana, ¿cuándo nos encontramos?

Los niños y niñas necesitan dormir muchas horas para que su cerebro pueda desarrollarse óptimamente. A su vez necesitan hábitos que los ordenen. Los hábitos les otorgan seguridad y les dan un encuadre. Eso sí, sin guía adulta nada de esto es posible

Nos podemos preguntar: ¿cómo es la agenda de mi hijo?, ¿hay tiempo para el aburrimiento?, ¿para el ocio?, ¿para un buen y reparador descanso?

¿Subestimamos su fortaleza, su forma sana de leer la realidad cuando les mentimos? "Es para que no se pongan ansiosos", dicen. ¿Ansiosos se ponen ellos o nosotros?
Bueno, nos vamos a la piyamada.
¿Pero por qué llevan a la piyamada el bolso de la hermana?

Creemos que no entienden porque no pueden ponerlo en palabras.

Por lo general, ellos ya saben muchas de las cosas que nos atraviesan. Necesitan de adultos conscientes, que pongan en palabras y acompañen a aceptar lo que ya saben

La confianza se genera en el vínculo primario. La confianza la genera el adulto referente. Si nuestro hijo o hija no cuenta nada, primero podemos respetar su decisión, después cuestionar nuestras formas de generar esa confianza.

¿Nacen con la pelota abajo del brazo o es el ambiente el que fomenta (exige) determinados gustos? ¿Cuánto hay de expectativas y cuánto hay de real en la elección de los niños?

Acá digo "niños" porque aún hay familias que desestimulan el fútbol en las niñas o el baile en los varones. Revisar eso también es prevención.

De sexualidad se habla. Se habla desde la primera infancia, nombrando las partes del cuerpo por sus nombres reales, hablando del cuidado del mismo y del respeto por el cuerpo propio y ajeno. De sexualidad se habla porque es prevención y porque nuestro hijo o hija va a vivir su sexualidad en el momento que tenga que vivirla. ¿No es mejor que la descubra, que conozca sus cuidados y la forma de vivirla plenamente con guía y acompañamiento de sus referentes?

Cuidar la infancia también es prevención. El apuro de los padres por ver a sus hijos autónomos e independientes trae consecuencias. Cuando el niño o la niña no está preparado para hacer determinadas cosas, y se le exige esa independencia, no puede manejar bien las situaciones y se desborda. Hay una carrera contra el tiempo, podemos estar adelantando etapas y exponiéndolos a situaciones que no manejan.

Me da gracia tanta queja, siempre fueron así los profes y mirá nosotros, salimos rebién.
Yo, porque ella es un desastre pobre.
Rebién, son unos flojitos los niños de ahora. Son la generación de cristal.
Pobre, siempre fue un desastre ella.
¿?

La negación, un mecanismo para permitirnos seguir adelante, sin cuestionar mucho, porque creemos que hay poco por hacer. Hay docentes que siempre se manejaron con un gran nivel de violencia, pero como es con los niños, niñas y adolescentes, se naturaliza.

"Siempre fue así y mirá nosotros qué bien salimos".

# La exclusión

# ¿qué les decimos?

"Siempre que veas a alguien solo, acercate, y si ves una burla o maltrato, no te sumes".

¿Sos el puerto seguro? Ellos serán el puerto seguro de otros.

Este tipo de prácticas es muy frecuente en los niños y niñas. Echar a una compañera de la conversación, excluirla del juego o del chat es algo que suelen hacer, porque las familias no educan desde la prevención y porque solemos excluir a nuestros hijos e hijas nosotros mismos. El daño de la exclusión es devastador, porque los seres humanos somos seres sociales y necesitamos del otro para vivir en plenitud. Además, los padres suelen actuar muchas veces a favor de la exclusión. Criticando a las madres o padres de los demás niños, eligiendo a los amigos de sus hijos o creando grupos cerrados de madres o padres. Cuando los padres trasladan sus propias amistades dentro del centro educativo y a la vida de sus hijos, están también fomentando la exclusión.

Como adulto responsable, incluí.
Revisá la lista de cumpleaños.
De la clase se invita a todos
y, si no podés, separá por género
y, si aún no podés, invitá menos
del 30 por ciento. Fijate en
los detalles. Integrá, incluí
y tu hijo/a hará lo mismo.

¿Los estamos educando para la competencia o para la paz? ¿Para quién es importante ganar, para ellos o para nosotros? ¿Para quién es importante ser el capitán del equipo, para nuestro hijo/a o para alimentar nuestro ego?

La elección de los equipos no debería quedar en manos de los niños y las niñas. Además de estar exponiéndolos, les estamos permitiendo elegir y desechar, colocándolos en un lugar muy feo. Para algunos de poder, para otros de desequilibrio de poder o de tristeza, para muchos de incomodidad. Malestar, ansiedad son todos síntomas que vivencian los niños y niñas en relación con estos espacios. Sobre todo, no les estamos enseñando nada, o les estamos enseñando que importa más ganar que el sentimiento de los demás.

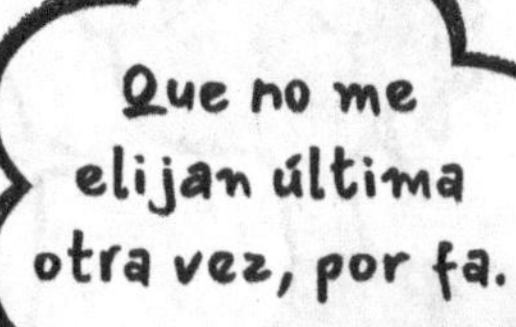

Los docentes pueden aprovechar y elegir ellos mismos los equipos, rotando y creando nuevas oportunidades para todos/as.

**Adultos que guían, ¿qué les decimos?**

Podemos poner sobre la mesa lo feo que se siente nunca ser elegido o serlo por último.

Podemos ser parte del problema o podemos ser parte de la solución. El adulto que mira para el costado es parte del problema. El adulto que guía y busca la comunicación es parte de la solución.

las cenas en familia son mi plan favorito de la semana.

Buscar espacios para conversar sobre esto es prevención. El buen trato se aprende de los referentes adultos.

# ¿Mi hijo/a puede ser quien hace bullying?

Los niños, niñas o adolescentes que ejercen bullying no necesariamente reciben violencia física, muchas veces reciben violencia psicológica o son manipulados afectivamente.

**Varios especialistas concluyen: un niño o niña que hostiga viene de modelos familiares violentos o extremadamente permisivos, con ausencia de límites, guía y sostén emocional.**

En el primer modelo, el niño o niña interioriza una forma violenta de relacionarse. No necesariamente física, sino psicológica, con chantajes o mucha rigidez. Vínculos competitivos intrafamiliares y poca consciencia del lugar de guía y sostén del adulto.

En el segundo modelo, el niño o niña tiene tanto poder que luego lo traslada al centro de estudios, donde también quiere hacer y deshacer todo a su manera. Con figuras de adultos desdibujadas que generan "el todo vale" por miedo a no ser queridos por sus hijos/as o porque no pueden sostener el NO.

Niña reina o niño rey no empatizan. ¿Los reyes empatizaban con el pueblo?

Es en esas sutilezas de la crianza que podemos hacer que nuestro hijo sea el hostigador. Si hay necesidad de mirada, está faltando mirada. Si hay manejo de la manipulación o el maltrato, estamos educando con manipulación y maltrato. Nuestros hijos son el reflejo de lo que sucede en casa.

¿Manipulamos a nuestros hijos?
¿Dejamos que se maltraten entre hermanos y primos?
¿Naturalizamos el maltrato?

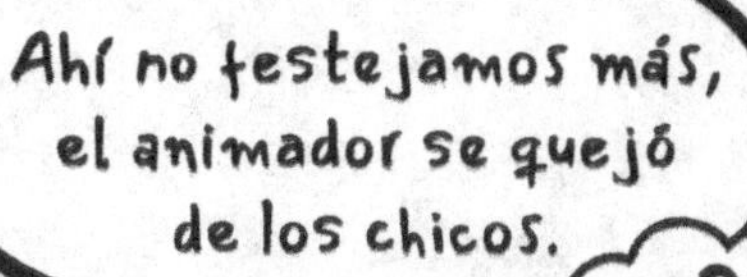

¿justificamos todo lo que hace nuestro hijo? ¿Avalamos el maltrato o la destrucción de lugares de cumpleaños?

¿estamos ~~educando~~ educados?

# El silencio

Muchas veces el bullying funciona por el silencio que lo cubre. Todos los ven y nadie dice ni hace nada.

Si no hablamos de algo, ¿no existe?

Los testigos callan por miedo, culpa, necesidad de pertenencia o indiferencia.

Los adultos callan porque naturalizan la violencia.

Los niños o niñas que lo sufren callan por culpa, miedo, para no revivir la experiencia.

Los padres callan por miedo al estigma o porque desestiman la situación.

Los centros callan por mala propaganda, por falta de herramientas, por falta de recursos, por falta de interés.

Todos callan y hacen como si no pasara nada.

**¿Qué le decimos?**

El silencio frente al bullying es el mejor amigo del bullying, todos lo ven, pero nadie dice nada. De forma anónima, para cuidarte, denunciá, o busca un adulto de tu confianza y contalo, pero no te lo guardes, eso te hace daño a vos y a quien lo padece.

Un buzón para cartas anónimas es un buen instrumento para poder detectar casos de bullying, este debe ser utilizado con mucha responsabilidad y colocado en lugares estratégicos, a su vez puede ser nombrado como el buzón de responsabilidad civil o de votación, para no exponer a quien lo utilice.

> **Nunca se debe exponer a quien denuncia una situación así ni a ninguno de sus actores.**

En el centro educativo hay señales:

No salen al recreo, buscan la cercanía de un adulto, no van al baño durante el recreo, siempre "pierden" o "rompen" sus útiles.

Sentir que solo les pasa a ellos es normal. Sentir culpa y vergüenza por el hostigamiento también. Nada de eso es culpa del niño, niña o adolescente que es hostigado.

La mayoría no lo cuenta, por estas mismas razones, por eso es tan importante estar alerta a las señales:

# ¿Es una broma?

Las "bromas" son una gran herramienta para desacreditar al niño o niña que sufre bullying. Los hostigadores se valen de cualquier broma para luego decir que es sensible o que llora por todo.

Las "bromas" vistas como una forma natural de vincularse con los otros. Hacer sentir mal a otro, burlarse de alguien o conspirar entre varios contra uno no es de amigos, ni se generan vínculos sanos de confianza.

Como sociedad nos manejamos de forma bastante extraña frente a las bromas. Las bromas gozan de una gran popularidad y, si lo pensamos un poco, tienen algo muy perverso atrás. Porque para que haya una broma, debe haber, sí o sí, secretos, conspiración, engaño y un muy buen disfrazado motivo de molestar a otro. El que recibe la broma (si hablamos de niños/as o adolescentes, más aún) puede sentirse incómodo. Y si nos sinceramos, es una forma bastante naturalizada de ejercer la violencia.

Esto puede llevarse a lo cotidiano en casa, ¿sos de gastarle bromas pesadas a tus seres queridos?, ¿cuál sería el límite?, ¿y por qué un niño, niña o adolescente lo conocería?

## ¿Qué les decimos?

Siempre van a encontrar qué decir sobre vos, no hay ningún motivo en el mundo para burlarse de un compañero o ponerle apodos. ¿Alguna vez te burlaste de alguien? ¿Alguna vez se burlaron de vos? ¿Cómo te sentiste?

Buscar espacios para conversar estas cosas es prevención.

Del cuerpo ajeno no se habla.

El bullying ha encontrado formas más perversas y especializadas, de la mano de la tecnología y los dispositivos móviles. La falta de control parental, de la guía y sostén hacen que el mundo virtual sea tierra de nadie y tierra fértil para los insultos. Las páginas para atacar a un compañero son habituales.

Si como padres decidimos darles el celular a nuestros hijos o hijas, y con ellos el acceso a variadas redes sociales, debemos acompañar, pero sobre todo saber que estarán más expuestos a determinadas situaciones.

Por eso se recomienda el uso de redes sociales después de los 14 años, incluso algunos especialistas lo recomiendan después de los 18 años.

# La empatía

# ¿La empatía se desarrolla sola?

No, la empatía, a pesar de ser intrínseca al ser humano, no se desarrolla sola, necesita de un otro que guíe y respete para poder practicarla.

Si no ponemos sobre la mesa la mirada respetuosa del otro, el respeto por los demás y sus historias, la sensibilidad y la compasión, el ser humano crece sin tenerlo integrado y actúa sin consciencia de los otros.

# yo me pongo en tus zapatos

**La empatía trae muchos beneficios para las personas que la practican: asertividad, plenitud, vínculos sanos, ganas de vivir, curiosidad, creatividad, ganas de aprender, mejor rendimiento escolar y conexión con los demás.**

¿Alguna vez le explicaste a tu hija o hijo que decir secretos delante de otros es poco amable? ¿Le contaste que los secretos se guardan y que hay lugares más apropiados que otros para decir secretos?

¿Qué sabemos de alguien que vive en la calle? ¿Qué nos da el derecho de opinar sobre su vida? ¿Por el hecho de que viva en la calle creemos saberlo todo? No sabemos nada. Estamos mirando todo desde nuestra perspectiva y nuestra realidad. Entender eso es clave para desarrollar y enseñar la empatía.

**la empatía se enseña a cada paso**

¿Educamos personas o jueces? ¿Qué adjetivos utilizamos para referirnos a los demás, palabras despectivas, adjetivos despectivos? Estamos ante un lienzo en blanco, ¿de qué lo estamos componiendo? ¿Cómo nos paramos frente a los demás? ¿Qué estamos enseñando?

## ¿Son cosas de niños?

La naturalización del bullying y las distintas violencias puede tratarse de un mecanismo de defensa. Es tranquilizador pensar que son cosas de niños, que no hay maldad y que todos nuestros hijos están pasando bien en la escuela. La realidad es que no, distintos estudios indican que 1 de cada 3 niños sufren bullying.

Ahora, si pensamos que son cosas de niños/as, si pensamos que es una etapa, o parte del funcionamiento natural de un grupo, podemos tener la sensibilidad de no decirlo a todo quien quiera escucharlo. Podemos también no minimizar el dolor de muchas familias que lo sufren. Solo ellos saben lo que se sufre al transitarlo y cómo afecta a todo el núcleo familiar. Solo ellos saben la soledad con la que se vive una situación así. Eso es empatía.

# Adultos 2

Nuestra hija puede ser "divina" con sus amigas, pero no tan "divina" con quien no elige de amigo. Que sea siempre invitada o esté llena de programas no la hace buena compañera con todos.

Muchas veces los niños y niñas que hostigan son niños muy populares, de ahí que los demás los siguen en el hostigamiento.

¿Por qué son populares? Porque son los llamados "líderes negativos", sí, aunque sean niños y niñas, sí, aunque sean muy dulces en casa, pueden ser líderes negativos.

Si tenemos consciencia de que nuestro hijo o hija funciona como líder negativo, podemos revisar nuestras prácticas de crianza y nuestra forma de vincularnos. Si es necesario, buscar ayuda de un profesional de la salud mental. Esto también es prevención.

Siempre podemos preguntarnos: ¿estoy educando?, ¿qué es más importante?

Si tu hija recibe una invitación y ya tenía planificada una piyamada en casa, lo correcto es declinar esa invitación o incluir a la dueña de casa al programa. Cuando un niño hace un cumpleaños, hay mucha ansiedad, anhelo, preparación atrás. El fútbol no debería ser lo primordial. Lo primordial debería ser acompañar al cumpleañero.

A cada paso estamos educando.

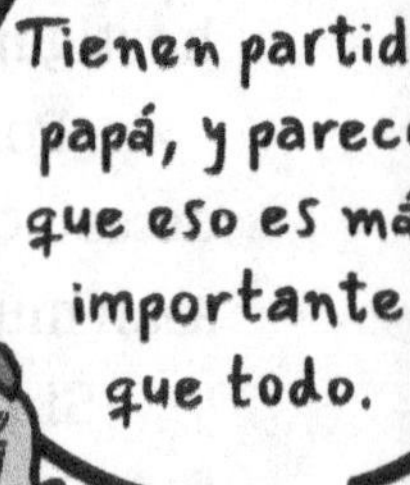

La empatía se aprende en el vínculo con los adultos referentes, ¿sos de validar la tristeza o la incomodidad, o tendés a minimizar?, ¿sos de acompañar a gestionar la emoción o la ignorás?, ¿qué hacés cuando se cae y se lastima?

Si le enseñás que no se puede llorar, si le enseñás que no lo vas a escuchar mientras llora, si le enseñás que no se puede mostrar una emoción... ¿podrá desarrollar empatía por los demás?

# Mandatos

Es obligatorio hacer un deporte de equipo, es sano, es necesario. No, no importa que se burlen de vos, ganate el respeto. No, no importa que no te pasen la pelota nunca. Bueno, que se rían. Es una experiencia muy enriquecedora.
¿Para quién?

¿Quién es tu hijo o tu hija?

¿Es el o la que soñamos?

Del hijo imaginario al hijo real hay una gran distancia. Ver y comprender a tu hijo real es prevención. Acompañar en lo que él o ella necesita y no en lo que a vos te faltó o te hubiera gustado tener o ser es prevención en salud mental.

Dejar de lado los mandatos y escuchar a nuestro hijo en lo que necesita es un gran paso, pero escuchar no implica dejar todo a su autogestión.

Los niños y niñas necesitan horarios, hábitos y encuadre para crecer sanos.

Escuchar es ver sus emociones, es ver lo que dice o lo que calla, escuchar a su cuerpo, escuchar qué expresa cuando no expresa. Es estar atento.

Podemos minimizar el dolor, taparlo...

O podemos validar, con un abrazo, podemos ser el sostén emocional que nuestra hija necesita. Estar, ser el puerto seguro.

**La empatía se enseña con nuestras palabras, pero sobre todo con nuestros actos. ¿Sos de juzgar?, ¿te definís como una persona abierta?, ¿te relacionás con gente igual a vos?, ¿cómo mirás al que es distinto a vos?**

No es solo lo que decimos, sino también lo que hacemos. Las palabras tienen mucho peso, pero nuestras acciones, mucho más.

Si decidimos entregar un dispositivo móvil a nuestro hijo, tenemos que ser conscientes de que lo estamos exponiendo a ciertos peligros, pero que además necesita nuestra guía como con cualquier paso importante.

La comunicación desde un dispositivo móvil deja afuera el lenguaje gestual y corporal, fundamentales en cualquier buen intercambio. Esto puede dar lugar a malinterpretaciones y conflictos. Por más que nuestro hijo/a esté en el sillón de nuestra casa, puede comunicarse con cualquier persona sin importar la edad, ni las intenciones.

**Las habilidades sociales se aprenden con un otro que interactúa, mira a los ojos, conecta.**

El ciberbullying funciona por la ausencia de adultos que guían y enseñan formas y modos de ser ciudadanos digitales responsables con los demás.

Acompañar el buen uso de las tecnologías es prevención del ciberbullying y de muchas otras violencias digitales.

**¿Sabés qué pasa dentro de la red con tu hijo o hija? ¿Con quién habla, cómo se comporta con los demás, cómo se comportan los demás con él o ella?**

Enseñarle a tu hijo o hija a comportarse dentro de la red es responsabilidad de los adultos referentes, tarea que parece que no sabemos o no podemos ejercer.

Lo que pasa dentro de lo virtual se vive como real, porque es real.

¿La sacamos del grupo?

¿Viste el meme de Juan?

# El adulto distraído

El adulto distraído es un concepto que refiere al adulto que debe tomar responsabilidad de sus actos, pero está demasiado distraído para hacerlo. Es un factor que favorece el bullying.

El concepto nada tiene que ver con la jornada laboral extensa, que tienen muchos adultos, sino a dejar de tomar decisiones y ocuparse con entereza y límites de sus responsabilidades, como guardián de un menor.

Un adulto distraído es el que escapa a poner límites, el que no conecta y no acompaña emocionalmente. Un adulto distraído es el que no acepta las consecuencias de sus actos y responsabiliza a los otros.

Se requiere de adultos presentes y conectados, que a su vez puedan revisar sus crianzas para no repetir lo que los lastimó y así cortar con el círculo.

Mamá, a estas tres no las invito, no las banco.
Bueno, mi amor.
Mamá, a estas tres no las invito, no las banco.
Mi amor, de la clase se invita a todos.

ADULTO DISTRAÍDO

ADULTO CONECTADO

La guía de los adultos en estos detalles puede hacer una gran diferencia. De la clase se invita a todos.

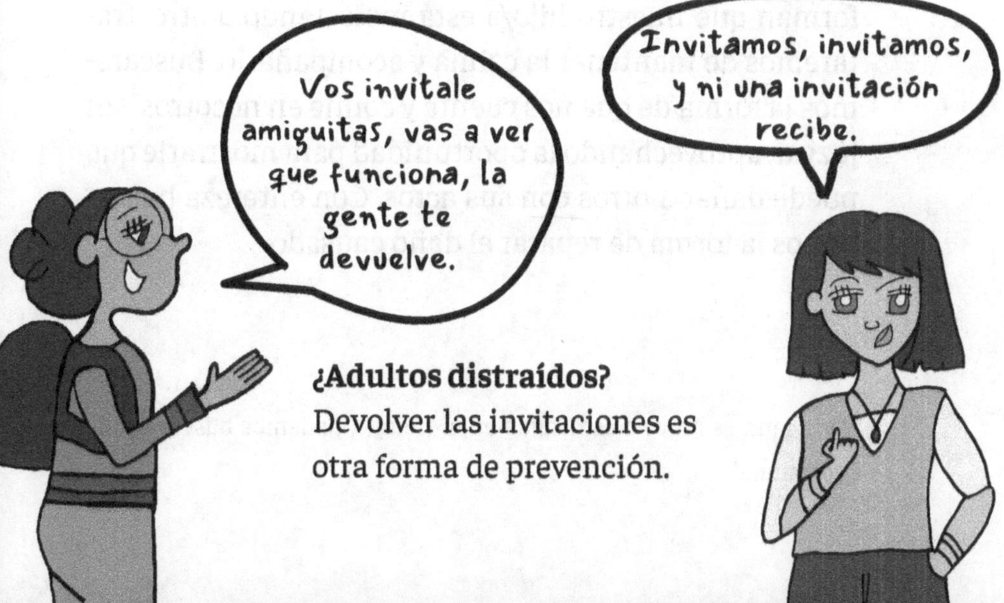


**¿Adultos distraídos?** Devolver las invitaciones es otra forma de prevención.

No es obvio, nadie nace sabiendo y nuestros hijos/as no nacen sabiendo cómo cuidar al otro. Eso se enseña con el ejemplo, la conexión y la palabra.

Si el centro educativo u otra mamá o papá nos informan que nuestro hijo/a está molestando a otro, trataremos de mantener la calma y acompañarlo. Buscaremos la forma de que nos cuente y confíe en nosotros, sin juzgar, aprovechando la oportunidad para mostrarle que puede dañar a otros con sus actos. Con entereza buscaremos la forma de reparar el daño causado.

*si la falta es grave o esto sigue en el tiempo, podemos buscar ayuda profesional.

Las sanciones son necesarias, existen en todos los ámbitos de la vida, pero una sanción aislada y sin un acompañamiento no cumple ninguna función. El niño, niña o adolescente se va a especializar en la mentira y a esconder mejor sus actos. Si un niño, niña o adolescente hace bullying, es la familia la que debe revisarse y sobre todo es fundamental acompañar.

**El abandono emocional es un gran factor de vulnerabilidad para que un niño ejerza bullying. La naturalización de la violencia es otro factor de vulnerabilidad.**

Son niños, se equivocan, es normal tratarse mal, burlarse, están creciendo. son malos a esa edad. Del error se aprende.

¿Tiraste toda el agua? ¿Sos bobo? No servís para nada, dejá, no aprende más este.

# Nenas y varones

# Nuestras creencias con relación al género

¿Actuamos con los otros de determinada manera dependiendo del género al que pertenecemos?

¿Viste lo que pasó ayer con Mari, que se fue llorando? Mi mamá dice que por eso no se llora, que es normal tratarse así, porque todas las nenas somos medio brujitas y que Ana es resimpática y Mari medio llorona.

Ah, bueno.

Las nenas no son "brujitas", eso es un mito. Tanto las nenas como los varones podemos ser buenos compañeros, personas amables y cuidadosos con los demás.

Los varones no se pegan todo el tiempo, tal vez muchos sí, pero otros no. Esto no es biológico, es una construcción social. No tiene por qué gustarles el fútbol y no arreglan todo con una pelota. Les pasan cosas igual que a las mujeres, solo que tienen menos permitido mostrarlo.

# El bullying y nosotros

El bullying nos da miedo y a lo que le tenemos miedo no lo queremos ver. Por eso andamos todos negándolo o minimizando para que no sea real, para que sea la exageración de algún loco o de alguna familia complicada. Es por eso que se vive en total soledad y con culpa.

Algunos niños y niñas pasan por su escolaridad sin pertenecer. No es algo que sea su responsabilidad, son dinámicas de grupo que tienen que revisarse y trabajarse. La foto de grupo unido es solo una foto. Llevar esto a la consciencia es prevención.

*Giachero, Silvana, *Bullying y Mobbing, haciendo visible lo invisible*, 2017

Está pasando mal.

Está muy sobreprotegida, querida, dale herramientas.

Eran 5, me robaron en el local.

Vas a tener que aprender a defenderte, Juan.

El problema no está en el niño o niña que sufre bullying. Durante años, y aún hoy, se pone el foco en el "problema" del que es hostigado. Nadie puede "defenderse" del grupo que acosa.

No hay razón alguna para ser hostigado, por lo tanto, el problema está en el niño o niña que hostiga, y su familia.

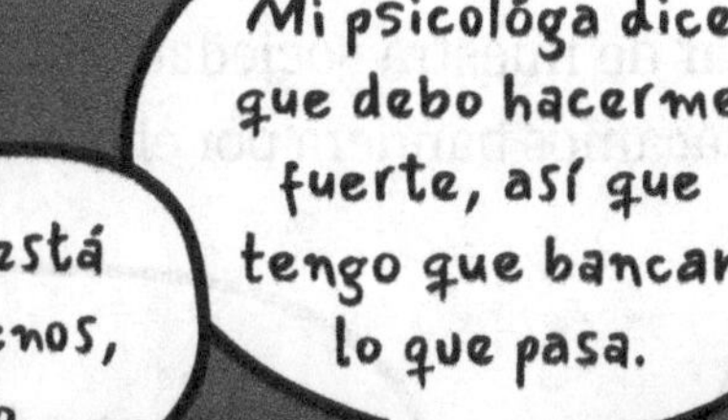

Hay un error en creer que las malas experiencias fortalecen el carácter. Las pequeñas frustraciones (de pequeños) y las crisis (cuando somos adultos), bien acompañadas, permiten crecer, pero el maltrato nunca, pero nunca, fortalece el carácter y no debería ser parte de la vida.

Este raro accionar de nuestra sociedad, culpamos al que sufre bullying y sacamos bandera por el que lo ejerce.

# Jerarquías en el deporte

Docentes y adultos que repiten tradiciones, sin pensar en sus consecuencias, sin encontrar la puerta abierta para enseñar algo. En el ómnibus la generación más grande no solo elige primero dónde sentarse, sino que además elige quién de las más chicas es "digna" para acompañarlas. Este tipo de conductas habla de costumbres de jerarquías en el deporte entre grandes y chicos o entre "habilidosos" y "menos habilidosos". ¿Qué se le está enseñando a esos niños y niñas? El deporte debería ser un lugar en donde se enseñe la colaboración, la amistad, el respeto, la empatía. ¿Lo estamos pensando así?

# Locura colectiva y responsables de centros de estudios

Los golpes, el maltrato, la violencia no fortalecen, debilitan. Una persona que recibe ese tipo de violencia no tiene que fortalecerse, no tiene responsabilidad en lo que sucede. Culpar a alguien por eso es revictimizarla. Los adultos que sugieren esto ¿se hacen cargo? ¿Son adultos que actúan con responsabilidad?

# Mitos

# “El bullying no se ve”

Existen muchas señales, además del lenguaje corporal y gestual, hace falta estar atentos y tener compromiso.

# “El niño o niña que sufre bullying es tímido o reservado”

Esto suele ser es una consecuencia
del bullying, no su causa.

# “El bullying fortalece”

El bullying deja graves secuelas y tiene consecuencias muy negativas para la salud mental.

# “Los niños que sufren bullying lo sufren por ser raros”

En el bullying, no existe un perfil, cualquiera puede sufrir bullying y no hay ninguna razón para sufrir maltrato.

# “La escuela tiene la culpa” “La familia tiene la culpa”

Los adultos somos los responsables de educar con respeto. Un niño o niña respetado/a es más difícil que ejerza bullying sobre los demás. El bullying es una problemática social.

# “Cualquier niño puede hostigar a otro, el ser humano es así”

Existen varios factores para que un niño o una niña pueda hostigar a un compañero: ausencia de adultos referentes, falta de límites, ausencia de empatía, entre otros.

# “EL bullying es cosa de niños, siempre pasó”

El bullying es algo serio, que deja secuelas y afecta la salud mental de las personas.

# “Que se arreglen ellos, les das una pelota y chau bullying”

En el bullying no se puede mediar, porque hay una intención consciente de hacerle daño al otro. El adulto debe pararlo.

# “Con un golpe se arregla todo”

El bullying es acoso sostenido, es violencia psicológica que en ocasiones incluye violencia física, no se puede parar con golpes, porque además hay desequilibrio de poder.

# “Ahora los niños son muy sensibles”

La sensibilidad no es sinónimo de debilidad, es otra forma de conectar con el mundo, es estar conectado con uno mismo.

Tu hijo/a no te va recordar por la cantidad de cosas caras que le compraste, te va a recordar por el cuento que le leíste cuando no se podía dormir, por las veces que le diste la mano cuando tenía miedo, por los abrazos que le diste cada noche, por la cantidad de veces que lo miraste a los ojos cuando se sentía solo, por las mariposas que encontraron juntos, o por las tortas que prepararon para la merienda. Estar en esos pequeños inmensos detalles en la vida de tus hijos es lo que hará la diferencia.

# Ir a buscar a tu hijo a la escuela

# o ir a buscar a tu hijo a la escuela

# Agradecimientos

A mi papá, que me enseñó lo que es la verdadera empatía. Por cada vez que me esperó sin impacientarse, por cada vez que no entendió mis decisiones, pero se limitaba a escuchar. Por su presencia y conexión, por su amor desinteresado.

Esta iniciativa está impulsada en su nombre y por el legado que dejó.

A mi mamá, que me mostró con el ejemplo que nunca hay que bajar los brazos, porque fue y es sostén y escucha. Gracias por ser mi guía, por validar mis emociones y por tu amor incondicional.

A Ale, mi compañero de vida, que me impulsa a seguir creciendo y mejorando. Sin él, este libro no hubiera sido posible. Gracias por hacer que todo funcione mientras yo dibujo.

A Manuel, Emiliano y Olivia, mis hijos, que me enseñan todos los días, con su forma sana de ver la vida, que siempre se puede hacer algo más y que nunca hay que bajar los brazos. Gracias por su paciencia cuando mamá no puede estar o acompañar.

A Pile, Ceci y Mari, mis hermanas, que estuvieron siempre cerca, aconsejando y tendiendo puentes. A mis sobrinos, que siguen cada uno de mis trabajos.

A mis alumnos, que comparten sus historias, me aconsejan y me inspiran para dibujar. A cada mamá o papá que se me acerca con un testimonio, con su historia de vida, y me deja transformarlo en una viñeta para sensibilizar.

A todas las personas que me acompañan en este viaje, cada uno en su forma y manera. Compartiendo mi material, apoyando mi trabajo y dándome la oportunidad de llegar más lejos.

Por último, a todas aquellas personas que sufrieron o sufren bullying, y a sus familias.

Gracias por compartir sus testimonios y su valentía. Ninguno de ustedes eligió estar ahí, pero al menos a mí me enseñaron que siempre hay algo para hacer y que al bullying lo tenemos que combatir entre todos.

# Referencias

GUTMAN, Laura. *La maternidad y el encuentro con la propia sombra*, Planeta, 2003.

FERNÁNDEZ, Alicia. *La inteligencia atrapada*, Nueva visión, 1997.

GIACHERO, Silvana. *Bullying & Mobbing, haciendo visible lo invisible*, Grijalbo, 2017.

GONZÁLEZ, Carlos. *Un regalo para toda la vida*, Planeta, 2006.

NOYA, Juan Carlos, BRUM, Santiago. *Acoso escolar en Uruguay, informe de estado de situación*, Unicef, 2021.

# la empatía es la llave